자꾸, 감사

세상에 당연한 것은 없다

윤슬·이명희

도서출판 담:다

감사하는 마음은 다른 사람을 위해서가 아니라
자신에게 평화를 가져다주는 행위이다.

그것은 벽에다 공을 치는 것처럼
언제나 자신에게 돌아온다.

– 이어령 –

자꾸, 감사

세상에 당연한 것은 없다

윤슬 · 이명희

세상에서 가장 지혜로운 사람은 '배우는 사람'이고
세상에서 가장 행복한 사람은 '감사하며 사는 사람'이다.

「탈무드」

들어가는 글

마음의 온도를 1도 높이는 말
"감사합니다"
"감사합니다"
"감사합니다"

감사 노트를 쓴다고 하루아침에 변화가 생기는 것은 아닙니다. 갑자기 상황이 달라지거나 좋은 일이 생겨나는 것도 아닙니다. 하지만 주변을 살펴보면 감사한 순간을 떠올려 기록하는 사람이 상당히 많습니다. 성공한 사람들이 가진 공통적인 태도 중의 하나도 '감사 습관'입니다. 왜 그럴까요? 그들은 알고 있기 때문입니다. 행복은 감사의 문으로 들어온다는 것을.

왜 호랑이를 만들었냐고 신께 불평하지 말고,
호랑이에게 날개를 달지 않은 것에 감사하라.
– 인도 속담

사실 가만히 있는데, '감사해야지'라는 마음이 생겨나기는 어렵습니다. '감사'는 감사 노트를 바라보면서, 기억을 되살리고, 마음을 들여다보는 동안 발견하는 절차적 감정입니다. 그날 하루 있었던 일 중에서 감사할 일을 찾고, 그것에 관해 생각하는 동안 긍정적인 에너지가 만들어집니다. 익숙한 대로 흘러가는 것이 아니라 건설적이고, 생산적인 방향으로 마음의 변화가 생겨나는 것이죠.

오늘부터 감사할 일을 찾아 노트에 기록하는 시간을 가져보세요. 『자꾸, 감사』가 하루를 되돌아보고, 소소하지만 충만한 기분을 느꼈던 순간을 기록으로 남길 수 있도록 도와드릴게요. 감사 노트 왼쪽에 구성된 감성적인 글과 사진이 나만의 행복을 되찾을 수 있도록 따뜻한 분위기를 연출할 거예요.

감사 노트를 쓰는데, 특별한 형식은 없습니다. 거창하지 않아도 됩니다. '감사'를 떠올릴 수 있으면 무엇이든 괜찮습니다. 단 하나밖에 떠오르지 않더라도 감사 노트에 기록을 남기는 습관을 만들어보세요. 마음의 변화는 태도와 행동의 변화로 이어지고, 결국 삶의 변화를 이끌어 낸다는 것을 잊지 마세요.

from. 기록디자이너 윤슬

목차

감사일기 원칙 "자꾸"

자유롭게

특별한 형식이 없습니다.
다만 무엇 때문인지,
누구 덕분인지를 세밀하게 적어보세요.

꾸준하게

거창하지 않아도 됩니다.
특별하지 않아도 됩니다.
한 줄이라도 매일 작성하는 것이 중요해요.

감사일기를 쓰면 좋은 점

1. 감사일기를 쓰면,
   삶을 긍정하는 태도를 얻게 됩니다.

2. 감사일기를 쓰면,
   마음의 여유가 생겨 한결 부드러운 사람이 됩니다.

3. 감사일기를 쓰면,
   감사할 일이 자꾸, 자꾸 생겨납니다.

4. 감사일기를 쓰면,
   '나도 괜찮은 사람'이라는 생각을 가지게 됩니다.

5. 감사일기를 쓰면,
   '그냥 그런 하루'가 아니라 '소중한 하루'가 됩니다.

감사일기 작성 예시

#오늘의 감사 [감사할 것을 찾아보세요]

TIP 어떤 부분이 감사한 지에 대해 세밀하게 표현해보세요.

시간 내어 나를 찾아와 준 친구와 맛있는 점심을 먹고 수다를
떨어 감사합니다.

며칠 전에 다퉈 서먹했는데 친구가 먼저 말을 건네준 덕분에
편하게 이야기할 수 있었습니다. 감사합니다.

평소보다 일찍 일어나서 감사합니다.

어제보다 날씨가 덜 더워서 감사합니다.

친구 덕분에 버스를 타지 않고 자동차로 편하게 집에
와서 감사합니다.

#오늘의 해시태그 [다짐/계획]

TIP '오늘'을 한 문장으로 표현해보세요. 내일을 위한 다짐도 좋아요.

#용기있었던날

#시도하는사람이되자

항상 감사한 마음을 가지기는 쉽지 않다.
하지만 당신이 가장 덜 감사할 때가
바로 감사함이 가져다줄 선물을 가장 필요로 할 때다.

감사하게 되면
내가 처한 상황을 객관적으로 멀리서 바라보게 된다.
그뿐만 아니라 어떤 상황도 바꿀 수 있다.

감사하는 것이야말로
당신의 일상을 바꿀 수 있는
가장 빠르고 쉬우며 강력한 방법이라고 나는 확신한다.

『내가 확실히 아는 것들』

행복은

발견하는 것이고,

찾아내는 것이고, 느끼는 것이다.

기대만큼 만족하지 못하고,

부정적인 평가가 떠오르더라도

마음을 진정시켜

하나라도 감사할 것이 없는지 생각해봐야 한다.

감사할 이유를 찾아보자.

감사할 이유를 찾는 사람이 되어보자.

그런 사람이 행복한 사람이다.

그런 사람이 더 많이 행복해진다.

■ 의미 있는 일상

DATE   . . .

#오늘의 감사

#오늘의 해시태그

자신의 배가 고프면
다른 사람의 배고픔이 눈에 띄지 않는 법입니다.
자신부터 먼저 채우세요.

■ 살자, 한번 살아본 것처럼

DATE   .   .   .

#오늘의 감사

#오늘의 해시태그

누가 쫓아오는 것도 아니고,
누구에게 자랑할 것도 아닙니다.
쫓기지 말고,
지치지 말고,
당신의 호흡으로 가십시오.
인생, 생각보다 먼 길입니다.

■ 살자, 한번 살아본 것처럼

DATE   .   .   .

#오늘의 감사

#오늘의 해시태그

뜻을 드러내는 일은 쉬운 일이다.
그러나 뜻대로 살아가는 일은 쉽지 않다.
그래도 '뜻있는 삶'에 대해서는 생각하면서 살아야 한다.

삶의 의미는 연출로 완성될 수 없다.
조작으로 만들어낼 수 없다.
살아온 것에 의미를 부여하고,
살아갈 날들에 대한 의미를 재정립하면서
스스로 지켜나가야 하는 것이다.

■ 기록을 디자인하다

DATE   .   .   .

#오늘의 감사

#오늘의 해시태그

화려한 옷이 사람을 대신해주지 않듯,
화려한 포장지가 선물을 대신해주지 않습니다.

보통,
소중한 것은 안에 있는 법입니다.
소중한 것은 보이지 않는 법입니다.

 살자, 한번 살아본 것처럼

DATE　　　．　．　．

#오늘의 감사

#오늘의 해시태그

모든 시절이 우리에겐 처음입니다.
처음 맞이하는 상황이고,
처음 만나는 마음이며,
처음 살아보는 인생입니다.
처음이라 그런지 많은 것이 서툽니다.
그래도 제법 괜찮지 않나요?
처음인데, 이 정도 해냈으면.

■ 살자, 한번 살아본 것처럼

DATE   .   .   .

#오늘의 감사

#오늘의 해시태그

사람들은 가끔 말합니다.

"시간이 없어서"라고.

하지만 그럴 때마다 가끔 궁금합니다.

시간이 없는 것인지,

아니면 마음이 없는 것인지.

■ 살자, 한번 살아본 것처럼

DATE   .   .   .

#오늘의 감사

#오늘의 해시태그

마음이 허락하는 일 앞에서는 계산하지 마십시오.
마음이 시키는 대로 하십시오.
'빚'이 아니라 '빛'이 되는 마음을 선택하십시오.

■ 살자, 한번 살아본 것처럼

DATE   .   .   .

#오늘의 감사

#오늘의 해시태그

누구의 생(生)보다

나의 생(生)을 구하는 일에 마음을 다해야 한다.

무엇도 '나의 생(生)'보다 우선일 수는 없다.

자신부터 살려야 한다.

내가 존재해야 세상도 의미 있는 것이다.

■ 의미 있는 일상

DATE   .   .   .

#오늘의 감사

#오늘의 해시태그

어떻게든 해 볼 수 있는 사람은 '자기 자신'뿐이다.
다른 사람들, 다른 어떤 것은 영역 밖이다.
어떻게 해보겠다고 해서
어떻게 될 수 있는 것이 아니다.

■ 의미 있는 일상

DATE   .   .   .

#오늘의 감사

#오늘의 해시태그

일상을 둘러싸고 있는 사소한 것들,

그런 사소한 것들이 내 인생을 떠받쳐주고 있음을 알고 있다.

소중한 것을 소중하게 대하는 노력이

'조화로운 삶'을 위한 첫걸음이라는 것을 잊지 않고 있다.

■ 의미 있는 일상

DATE   .   .   .

#오늘의 감사

#오늘의 해시태그

쉬지 않고 걸을 수 있는 사람은 없다.
새로 고침은 실패가 아니다.
새로 고침은 잠시 멈춘다는 의미와 함께
곧 다시 시작될 거라는 메시지를 포함하고 있다.
새로 고침은 마침표가 아니라 쉼표이다.

■ 의미 있는 일상

DATE . . .

#오늘의 감사

#오늘의 해시태그

재능이라는 애매함보다

열정이라는 성실함에 의지하며 끈기를 발휘해보고 있다.

월요일에도 했던 일,

화요일에도 했던 일,

그것을 오늘도 하고 있다.

■ 의미 있는 일상

DATE　　　.　.

#오늘의 감사

#오늘의 해시태그

어리석은 사람도 남을 탓할 때는 똑똑하다고 했고,
똑똑한 사람도 스스로를 용서할 때는 실수를 범한다고 했다.
주장이나 강요를 통해 관계를 발전시킬 수 없다.
강요보다는 설득이 낫고,
설득 이전에 상대의 의도를 제대로 파악하는 것이 먼저이다.

■ 의미 있는 일상

14

DATE   .   .   .

#오늘의 감사

#오늘의 해시태그

사람들은 말한다.

"정말 살아가기 힘든 세상이야"라고.

그렇지만 또 다른 누군가는 이렇게 얘기한다.

"자신을 제대로 믿어주는 사람이

단 한 명만 있어도 살아갈 수 있는 게 이 세상이야"라고.

■ 의미 있는 일상

DATE . . .

#오늘의 감사

#오늘의 해시태그

사람은 자신이 원할 때
변화하고 진화한다.
원하는 필요와
전달하려는 열정이 만났을 때
변화와 진화가 가능하다.

■ 의미 있는 일상

DATE　　　.　.　.

#오늘의 감사

#오늘의 해시태그

완벽한 준비는 없는 것 같다.
완벽한 시작도 마찬가지이다.
애초부터 '완벽함'은
이 세상의 언어가 아니었다.

■ 의미 있는 일상

DATE   .   .

#오늘의 감사

#오늘의 해시태그

인생을 마라톤에 비유하는 것은
단순히 42.195km라는 길이의 측면이 아니라
수많은 1km를 채워나가는 과정과 의미에 대한 평가이다.
오늘 주어진 1km.
우리가 어떻게 해 볼 수 있는 것은 이것뿐이다.

■ 의미 있는 일상

DATE   .   .   .

#오늘의 감사

#오늘의 해시태그

나는 그렇게 나이 들고 싶다.
꼬물꼬물 잘 노는 사람.
꼬물꼬물 잘 일하는 사람.
여전히 해 볼 수 있는 것이 있고,
하고 싶은 것이 있는 사람,
그런 사람으로 불리고 싶다.

■ 의미 있는 일상

DATE   .   .   .

#오늘의 감사

#오늘의 해시태그

돌이켜 생각해보면 '굳이'가 떠오르지만, 그때는 그랬다.
'외로우면 큰일 난다'라고 믿었기에
'척'도 많이 했었다.
외롭지 않은 척.
괜찮은 척.
무심한 척.

■ 기록을 디자인하다

DATE　　　.　.　.

#오늘의 감사

#오늘의 해시태그

상처받지 않고 살아갈 수는 없는 일이다.
하지만 늘 원했던 것 같다.
'상처받지 않았으면 좋겠다',
'소심하게 보이지 않았으면 좋겠다'라고.
그러다 보니 완벽하고 보이려고
마음에도 없는 말을 농담처럼 자주 던졌다.

기록을 디자인하다

21

DATE　　　　.　　.　　.

#오늘의 감사

#오늘의 해시태그

회사에서는 화도 못 내면서,

엄마에게는 화를 냈다.

친구에게는 함부로 말하지 못하면서

엄마에게는 함부로 말했다.

그때는 그게 당연하다고 생각했다.

잘못인지도 몰랐다.

엄마한테는 그래도 되는 줄 알았다.

엄마는 처음부터 '엄마'로 태어났다고 생각했으니까.

■ 기록을 디자인하다

DATE   .   .   .

#오늘의 감사

#오늘의 해시태그

감정은 조작할 수 없다.
순간적으로 불편한 감정이 생겼다고 하더라도
그 순간만큼은 진실이다.
갑자기 심경의 변화가 생겼다고 하더라도,
그 또한 진심이다.
감정은 조작할 수 없다.
그냥 좋은 것도 진심이고,
그냥 싫은 것도 진심이다.
그냥, 진심이라고 하면 진심인 것이다.

■ 기록을 디자인하다

DATE   .   .

#오늘의 감사

#오늘의 해시태그

무엇이라도 하고 싶지만,
어떤 것도 할 수 없을 때,
그냥 아무것도 안 하는 것.
그것도 방법이라고 생각한다.

■ 기록을 디자인하다

DATE   .   .   .

#오늘의 감사

#오늘의 해시태그

알지 못하는 것을 준비한다는 자체가 이미 불안한 일이다.
거기에 완벽하게 준비하려고 마음먹으면,
더 힘들어지는 것도 사실이다.
불안과 희망, 같은 곳에서 출발한다.

■ 기록을 디자인하다

DATE   .   .   .

#오늘의 감사

#오늘의 해시태그

당신에게 세상이 처음인 것처럼,
세상도 당신이 처음입니다.
그러니 모든 일의 원인이
당신에게 있다고 결론 내리지 마세요.
모든 책임으로 당신을 괴롭히지 마세요.

■ 살자, 한번 살아본 것처럼

DATE . . .

#오늘의 감사

_____

_____

_____

_____

_____

_____

_____

_____

#오늘의 해시태그

_____

_____

릴케의 충고처럼
청춘에게 필요한 문장은
'일단 살아보기'입니다.

■ 살자, 한번 살아본 것처럼

DATE   .   .   .

#오늘의 감사

#오늘의 해시태그

지금 말하세요. 아주 작은 목소리라도.

지금 떠나세요. 오늘 저녁에 다시 돌아오더라도.

지금 시작하세요. 내일 그만두게 될지라도.

무엇을 하든, 어디에 있든

'지금'이 가장 좋을 때이며, 가장 완벽한 때입니다.

■ 살자, 한번 살아본 것처럼

DATE   .   .

#오늘의 감사

#오늘의 해시태그

사람을 판단하는 일은
마땅히 두려운 일이 되어야 합니다.
우리에게 필요한 것은
'누군가를 판단하는 시간'이 아니라
'스스로를 들여다보는 시간'입니다.
우리가 들여다봐야 하는 것은
'누군가의 마음'이 아니라 '내 마음'입니다.

■ 살자, 한번 살아본 것처럼

29

DATE   .   .

#오늘의 감사

#오늘의 해시태그

만리장성의 시작도 첫 번째 돌을 옮기는 것에 있었습니다.
무엇이든 처음은 사소해 보이기 마련입니다.
누구나 처음은 시시하게 느껴집니다.
평가는 미루십시오.
자동 합계가 끝나는 날, 자동 정산됩니다.
그때 가서 평가해도 충분합니다.

■ 살자, 한번 살아본 것처럼

DATE　　.　　.　　.

#오늘의 감사

#오늘의 해시태그

믿으십시오.

여기까지 오는 동안,

제일 고생하고,

제일 마음 많이 쓰고,

제일 많이 움직인 사람.

누가 뭐래도 '당신'입니다.

■ 살자, 한번 살아본 것처럼

DATE . . .

#오늘의 감사

#오늘의 해시태그

불안함을 견디지 못해 새로운 시작을 한 사람은
같은 이유로 멈추기 마련입니다.
불안해서 시작한 일은,
불안하면 멈출 수밖에 없습니다.
불안함으로 시작하지 마십시오.
시작은 '불안함'이 아니라 '두근거림'이어야 합니다.

■ 살자, 한번 살아본 것처럼

32

DATE　　　　.　　.　　.

#오늘의 감사

#오늘의 해시태그

사랑은 '스토리텔링'이 아니라 '스토리'입니다.
사랑은 삶으로 증명해야 합니다.
인생은 '스토리텔링'이 아니라 '스토리'입니다.
인생 또한, 삶으로 증명해야 합니다.
'텔링'이 아니라 '스토리'에 집중해야 합니다.

■ 살자, 한번 살아본 것처럼

DATE   .   .   .

#오늘의 감사

#오늘의 해시태그

내가 나를 돕지 않는데, 누가 나를 도와줄 것인가.

그런데 많은 사람들이 잊고 살아간다.

내가 나를 도와줘야 한다는 사실을.

그 누구도 아닌 내가 먼저 나를 믿어줘야 한다는 사실을.

■ 의미 있는 일상

DATE . . .

#오늘의 감사

#오늘의 해시태그

인생은 선택과 태도이다.
어떤 성과가 보다 성공적으로 느껴지는 것은
'그 사람의 성공'이기 때문이고,
어떤 결과가 보다 절망적으로 느껴지는 것은
'나의 실패'이기 때문이다.
경험에 교양을 발휘해야 한다.
자신의 경험이
스스로를 돕는 일에 쓰임이 있도록 유도해야 한다.

■ 의미 있는 일상

35

DATE　　　．　．　．

#오늘의 감사

#오늘의 해시태그

모든 것이 '내가 아닌 나'로 보냈던 시간들이 있었기에
가능했다고 믿는다.
뜨거웠던 바다, 정처 없이 방황했던 바다를
내 인생에서 제외할 생각은 없다.
원망할 마음도 없다.
그저 앞으로 내 삶의 일부로 존재하면서
살아가는 일에 최대한 잘 활용되기를 바랄 뿐이다.

■ 의미 있는 일상

DATE   .   .   .

#오늘의 감사

#오늘의 해시태그

삶에 대한 기준은 한순간에 만들어지지 않는다.
천천히 드러나기에, 유심히 관찰해야 하고,
유의미하게 해석하는 과정을 통해
하나씩 정립해나가야 한다.

■ 의미 있는 일상

DATE　　.　.　.

#오늘의 감사

#오늘의 해시태그

'지금 하는 것'이 중요하다.
오늘부터 쓰는 것이 중요하고,
오늘부터 달리기를 하는 것이 중요하다.
막막해하며 걱정하기보다
몸을 움직이는 것이 훨씬 의미 있는 선택이다.

■ 의미 있는 일상

DATE   .   .   .

#오늘의 감사

#오늘의 해시태그

참나무와 편백나무도
서로의 그늘에서는 잘 자랄 수 없는 것처럼
살아가는 일도 비슷하다.
각자의 그늘을 확보해야 하고,
서로의 그늘을 인정해줘야 한다.
드넓은 벌판에 단둘이 서 있게 되더라도 말이다.

■ 의미 있는 일상

39

DATE　　　　．　　．

#오늘의 감사

#오늘의 해시태그

인생은 습관의 연속이다.

'어떻게 해야지'라는 목적성보다

자신도 모르게 무의식적으로

자연스럽게 행하는 것이 대부분이다.

무엇이든 반복하면 강화되고 강력해진다.

이왕이면 좋은 습관을 가지도록 노력해보자.

좋은 습관이 몸에 기록될 때까지 의식적으로 노력해보자.

■ 의미 있는 일상

DATE　　　.　.　.

#오늘의 감사

#오늘의 해시태그

세상에 옳은 감정은 없다.

감정은 감정이다.

그냥 느껴지는 것이다.

생길 만하니까 생겨난 것이고,

사라질 만하니까 사라지는 것이고,

남아있을 만하니까 남아있는 것이다.

감정은 단답형으로 접근할 수 있는 영역이 아니다.

조금은 길고 지루한 서술형으로 대답해야 한다.

■ 의미 있는 일상

DATE　　　　.　　.

#오늘의 감사

_____

_____

_____

_____

_____

_____

_____

#오늘의 해시태그

_____

_____

어느 한 시절의 아픔이 아닌,
인생 전체에 걸쳐진 아픔으로부터,
자신과 자신의 삶을 보듬는 일은 쉽지 않다.
이십 대여서 가볍고,
사십 대라서 무겁다고 생각하지 않는다.
힘든 것은 똑같다.

■ 기록을 디자인하다

DATE . . .

#오늘의 감사

#오늘의 해시태그

'말'에 걸려 넘어졌다.
'마음'에 걸려 넘어졌다.
'다른 사람의 말'에 걸려 넘어지기도 하고,
'다른 사람의 마음'에 걸려 넘어지기도 했다.

■ 기록을 디자인하다

DATE   .   .   .

#오늘의 감사

#오늘의 해시태그

저마다의 방식으로 계절을 만난다.

계절이 바뀌는 틈바구니에서 누군가는 옷 정리를 시작하고,

누군가는 책장을 정리하고,

또 다른 누군가는 홀로 계신 부모님의 안부를 묻는다.

각자 익숙한 방식으로 새로운 계절을 준비한다.

마음을 전하는 방식도 그렇다.

스스로에게 익숙한 방식으로 용서를 구하고 마음을 전한다.

■ 기록을 디자인하다

44

DATE   .   .   .

#오늘의 감사

#오늘의 해시태그

결혼해서 아이를 낳은 후, '엄마'라고 불리면서 알았다.

그 이름이 얼마나 무겁고 어려운 이름인지.

따뜻한 위로가 필요한 사람이라는 것을,

정답게 어루만져야 하는 사람이라는 것을,

그제서야 알게 되었다.

■ 기록을 디자인하다

DATE   .   .   .

#오늘의 감사

#오늘의 해시태그

웬만한 것은 끌어안을 수 있다고 여겼다.

하지만 그게 문제였다..

괜찮다, 괜찮다.

계속되는 주문이 힘들어 혼자 운 날이 많았다.

'괜찮지 않아'라고 얘기하는 법을 배웠어야 했는데,

그러지를 못했다. 그래서일까.

지금도 '괜찮지 않아'라고 말하는 게 나는 어렵다.

■ 기록을 디자인하다

DATE　　　.　　.　　.

#오늘의 감사

#오늘의 해시태그

혼자 서 있을 수 있는 사람이
다른 사람과 함께 서 있을 수 있습니다.
혼자 서 있을 수 있는 사람이 되십시오.

■ 살자, 한번 살아본 것처럼

DATE   .   .   .

#오늘의 감사

#오늘의 해시태그

오늘은 내 인생의 '가장 젊은 날'이며,
동시에 내 인생의 '가장 마지막 날'이기도 합니다.
무엇을 다시 시작하기에 가장 좋은 날,
무엇을 마무리하기에 가장 좋은 날,
'오늘'입니다.

■ 살자, 한번 살아본 것처럼

DATE　　　.　.　.

#오늘의 감사

#오늘의 해시태그

인생은 의도하지 않은 것을 허락할 때
훨씬 자유롭게 살아갈 수 있습니다.

■ 살자, 한번 살아본 것처럼

DATE   .   .   .

#오늘의 감사

#오늘의 해시태그

TOMICEVA ULICA

새로운 레시피보다 신간도서가 먼저 눈에 들어옵니다.

이름난 요리교실보다 독서모임이 더 좋습니다.

할인마트보다 중고서점에 더 마음이 갑니다.

그래서 과감하게 포기했습니다.

주부 9단 되는 거.

■ 살자, 한번 살아본 것처럼

50

DATE　　　　.　　.　　.

#오늘의 감사

#오늘의 해시태그

한번 가 보았던 길을 다시 갈 때
두려움은 절반으로 줄어듭니다.
한번 먹어봤던 음식을 다시 먹을 때
두려움은 절반으로 줄어듭니다.
한번 혼자 여행 떠나봤던 사람은
다음 여행도 혼자 떠날 수 있습니다.
우리 오늘부터라도,
한번 살아봤던 사람처럼 살아보면 어떨까요?
한번 경험했던 사람처럼 행동해보면 어떨까요?

■ 살자, 한번 살아본 것처럼

DATE　　　.　　.　　.

#오늘의 감사

#오늘의 해시태그

지금 하고 있는 일은

'원하는 것이냐'를 넘어 '잘하고 싶은 일'이었다.

그래서 잘 할 수 있는 방법을 찾으려고 노력했다.

태도는 더욱 보수적인 방향으로 굳어졌다.

열심히, 꾸준히, 최선을 다해.

■ 의미 있는 일상

DATE . . .

#오늘의 감사

_____

_____

_____

_____

_____

_____

_____

#오늘의 해시태그

_____

_____

중요한 것은 경험이 아니라 해석이다.

꿈보다 해몽이라는 말로 위기를 외면하는 것이 아니라,

가치 있는 방향으로 해석해내는 능력이 더 중요하다고 생각한다.

경험의 의미, 인생의 의미는 스스로 만들어가는 것이다.

이기지 못했다고 진 것은 아니다.

■ 의미 있는 일상

53

DATE　　　　.　　.　　.

#오늘의 감사

#오늘의 해시태그

나는 '내가 기울인 노력'을 믿는다.
있는 그대로의 나를 받아들이고
'어제보다 나아지기 위한 노력'을 믿는다.
이러한 노력이
5년 후, 10년 후 더 많은 차이를
만들어내는 원동력이 될 거라고 믿는다.

■ 의미 있는 일상

DATE　　　.　.　.

#오늘의 감사

#오늘의 해시태그

작가는 스스로를 새롭게 거듭나게 하는 일에 주저함이 없어야 한다.
꾸준한 작품 활동을 통해 경계를 만들어내고,
자신의 보폭과 호흡을 유지하면서 멈춤 없이 내디뎌야 한다.
부단한 노력이 필요한 직업이다.
'작가가 되는 길'과
'작가로 살아가는 길'은
그럴싸한 말로 포장하기엔 간격이 너무 넓다.

■ 의미 있는 일상

DATE . . .

#오늘의 감사

#오늘의 해시태그

인생은 단면이 아니라 입체이며,
한 가지 이유로 단순하게 평가할 수 있는 성질의 것이 아니다.
그런 측면에서 '그 사람의 신발을 신어보지 않은 상태에서는
함부로 말을 하지 말라'라고 조언한 인디언의 지혜는
오늘날에도 유효하다.

■ 의미 있는 일상

56

DATE   .   .   .

#오늘의 감사

#오늘의 해시태그

인정하고 시작해야 한다.
세상은 불확실한 것들로 가득하고,
모든 것을 스스로 선택하고 책임져야 한다.
'내가 선택하고 내가 책임진다'라는 마음으로 살아가야 한다.
이것은 우리 모두에게 공평하게 주어진 미션이다.
그 과정에서 누군가는 위대함에 호소하고,
다른 누군가는 억울함을 호소할 뿐이다.

■ 의미 있는 일상

DATE　　　　　.　　.　　.

#오늘의 감사

#오늘의 해시태그

가야 할 곳과 가지 말아야 할 곳을
구분하는 지혜가 필요하다.
해야 하는 것과 하지 말아야 하는 것을
구분하는 지혜도 필요하다.
그러나 지혜는 쉽게 생기지 않는다.
아픔 없이 얻어지는 것은 없다.
상처 없이 만들어지는 것도 없다.
그런 까닭에 어쩌면 우리는 외면하고 싶은지도 모른다.

■ 기록을 디자인하다

58

DATE   .   .   .

#오늘의 감사

#오늘의 해시태그

언제나 따뜻한 바람이
뒤에서 불어줄 거라고 기대하지 않아야 한다.
당연한 것을 당연하게 해석하지 않도록 노력해야 한다.
햇살을 찾아 뛰어야 하는 날도 있고,
바람을 만들기 위해 달려야 하는 날도 있다.
인생은 해피엔딩으로 끝나는 16부작 드라마가 아닌,
60부작 장편 대하소설이다.

■ 기록을 디자인하다

DATE   .   .   .

#오늘의 감사

_____

_____

_____

_____

_____

_____

_____

#오늘의 해시태그

_____

_____

그동안 내 영혼이 잘 따라왔는지 모르겠다.
어느 순간 고개를 들어보니 마흔이 나를 부르고 있다.
마흔이라, 웃긴 이야기지만 마흔을 인생에서 고민해본 적이 없다.
어렸을 때 '서른'이라는 나이를 인생의 종점처럼 여겼었다.
누군가의 마흔은 별나라 이야기였다.

■ 오늘 또, 한걸음

60

DATE　　　.　　.

#오늘의 감사

#오늘의 해시태그

드디어 파티가 시작됐다.

첫째가 돌아올 때까지 남은 시간은 약 4시간.

솔직히 말하면 손빨래 해야 할 것도 있고,

청소기도 돌려야 하고, 아이 방 정리도 해야 하지만

그 모든 것들을 4시간 후로 밀어놓은 채 파티를 즐겨볼 생각이다.

이 시간을 온전하게 '나만의 시간'으로 만들어 볼 생각이다.

■ 오늘 또, 한걸음

DATE   .   .   .

#오늘의 감사

_____

_____

_____

_____

_____

_____

_____

#오늘의 해시태그

_____

_____

지금 이 순간, 당신에게 필요한 것은
'새로운 기술'이 아니다.
'새로운 정보'는 더욱 아니다.
매 순간, 인문학이 당신에게 가르쳐 주고 싶었던 것은
당신답게 태어났으니, 당신답게 살아라.
이 한 가지뿐이었다.

■ 오늘 또, 한걸음

62

DATE . . .

#오늘의 감사

#오늘의 해시태그

그들이 나를 위로하고 있다.
그렇게 견뎌내는 것이라고.
무엇을 위해 행하는 것이
무조건 옳은 방향은 아닐 수 있다고.
세상의 시계가 언제나
같은 방향으로 돌아가지는 않는다고.
그러니 가끔은 무심하게 넘겨도 된다고.
그들이 나를 위로하고 있다.

오늘 또, 한걸음

DATE   .   .   .

#오늘의 감사

#오늘의 해시태그

혜민스님께서 그러셨어요.
누가 "법정 스님처럼 되세요"라고 하니,
저는 "혜민스님 할래요"라고.
그래요, 우리도 한번 그렇게 살아봐요.

법정 스님은 법정 스님답게.
혜민 스님은 혜민 스님답게.
나는 나답게.
당신은 당신답게.

■ 오늘 또, 한걸음

DATE   .   .   .

#오늘의 감사

#오늘의 해시태그

책임감과 의무감만으로 살아갈 수 있는 세상이 아니다.
즐거움도 있어야 하고, 기쁨도 있어야 하는 세상이다.
누군가를 위한 것이 책임감과 의무감이었다면,
자신을 위해서는 즐거움과 기쁨을 찾아봤으면 좋겠다.

■ 오늘 또, 한걸음

DATE　　　　.　　.　　.

#오늘의 감사

#오늘의 해시태그

고통이나 어려움을 이겨야 된다고 배운 것 같아요.
'이긴다'가 아니라 '견딘다'라고 배웠다면,
오늘 아침,
문을 그렇게 세게 닫지 않았을 턴데.

■ 오늘 또, 한걸음

DATE   .   .   .

#오늘의 감사

#오늘의 해시태그

약간 길었던 봄.

조금 짧았던 여름.

많이 바빴던 가을.

매우 한가한 겨울.

그렇게 계절은 지나가고 있다.

우리를 지나치고 있다.

지금 어느 계절에 서 있는지,

어떤 계절을 준비하고 있는지,

갑자기 궁금해진다.

■ 오늘 또, 한걸음

67

DATE   .   .   .

#오늘의 감사

_____

_____

_____

_____

_____

_____

_____

_____

#오늘의 해시태그

_____

_____

어디서든 가장 소중한 사람이
'나'라는 것은 확실하지만,
그렇다고 언제나
'나'의 선택이 옳았다고 장담할 수는 없을 것 같다.

■ 오늘 또, 한걸음

DATE . . .

#오늘의 감사

#오늘의 해시태그

자신을 믿어보는 것.
사람을 믿어보는 것.
세상을 믿어보는 것.
그리고 지금 이곳에 있는 이유를 믿어보는 것.
일단 믿어보자.
믿는 마음으로 시작해보자.

■ 오늘 또, 한걸음

DATE　　　.　　.

#오늘의 감사

#오늘의 해시태그

절박한 순간이
절실한 이유를 만나면
존재는 더욱 완전해진다.

■ 오늘 또, 한걸음

DATE   .   .   .

#오늘의 감사

#오늘의 해시태그

눈길이 자주 머무르는 곳

마음이 자주 맴도는 곳

손길이 자주 스치는 곳

생각이 자주 무뎌지는 곳

발길이 자꾸 향하는 곳

심장이 자꾸 두근거리는 곳

그곳이 당신이 가야 할 곳이다.

■ 오늘 또, 한걸음

DATE　　　　.　.　.

#오늘의 감사

#오늘의 해시태그

'다음에'라는 친구를 너무 믿지 않았으면 좋겠다.
그 친구가 제일 잘하는 말이
바로 '다음에'니까.

■ 오늘 또, 한걸음

DATE   .   .   .

#오늘의 감사

#오늘의 해시태그

사랑이란, 그 사람이 내가 되는 것이다.
용서란, 내가 그 사람이 되는 것이다.
겸손이란, 그 사람 곁에 내가 있는 것이다.
믿음이란, 굳이 내가 아니어도 되는 것이다.
인생이란, 사소하게 시작해서
끈질기게 매달리는 '나'를 발견하는 것이다.

■ 오늘 또, 한걸음

DATE . . .

#오늘의 감사

#오늘의 해시태그

누군가는 '세상이 불공평하다'라고 말을 하지만,
그들은 가끔 착각을 하는 것 같다.
한 가지를 바꾸면, 열 가지가 변해야 된다고.

■ 오늘 또, 한걸음

DATE   .   .   .

#오늘의 감사

#오늘의 해시태그

오늘을 '선물'로 선택한
당신의 '용기'에 박수를.

DATE　　　.　.　.

#오늘의 감사

#오늘의 해시태그

마음이 무엇을 만나느냐에 따라
그때가 적당한 '때'가 된다.

■ 오늘 또, 한걸음

DATE   .   .   .

#오늘의 감사

#오늘의 해시태그

역지사지(易地思之)

당신이 인정받을 수 있는 이유이자,

당신이 그들을 인정해야 하는 이유이다.

DATE   .   .   .

#오늘의 감사

#오늘의 해시태그

문제가 없도록 하겠다는 사람보다
문제를 해결해 나가겠다는 사람이
훨씬 더 믿음이 가는 이유는 뭘까.

■ 오늘 또, 한걸음

DATE   .   .   .

#오늘의 감사

#오늘의 해시태그

70의 사람들은 말합니다. 육십이면 아직 청춘이라고.

60의 사람들은 말합니다. 오십이면 아직 멀었다고.

50의 사람들은 말합니다. 사십이면 무엇을 시작해도 된다고.

40의 사람들은 말합니다. 삼십이면 두려울 게 없다고.

30의 사람들은 말합니다. 이십이면 시작도 안 했다고.

20의 사람들을 말합니다. 어릴 때가 좋았다고.

아이들은 말합니다. 빨리 크고 싶다고.

지금, 당신은 어떤 말을 하고 있나요?

DATE . . .

#오늘의 감사

#오늘의 해시태그

용서가 안 된다고 고민하지 마십시오.

용서가 안 되는 것은 차라리 잊어버리십시오.

용서하든지, 잊어버리든지.

하나만 선택해 보십시오.

무엇이든 가장 좋은 선택이 될 것입니다.

DATE　　　.　　.　　.

#오늘의 감사

#오늘의 해시태그

그 사람은 기다리는 방법을 알고 있었다.

그래서 한 시간도, 두 시간도 기다리고 있었다.

삼십분도 기다리기 어려운 나는 그에게 물어보았다.

어떻게 하면 그렇게 잘 기다릴 수 있느냐고.

그는 이렇게 대답했다.

"나는 잘 기다리는 사람이 아니라, 잘 믿는 사람입니다"

■ 오늘 또, 한걸음

DATE   .   .   .

#오늘의 감사

#오늘의 해시태그

지금 당신 앞에 서기 위해
그 신발이 달려온 길을
한 번이라도 상상해 본 적이 있는지.

■ 오늘 또, 한걸음

DATE   .   .   .

#오늘의 감사

#오늘의 해시태그

행복은 어떤 대상을 통해서 완성되는 것이 아니다.
행복은 어떤 방법을 선택하느냐에 따라 달라지는 것이다.

■ 오늘 또, 한걸음

DATE . . .

#오늘의 감사

#오늘의 해시태그

좋은 사람은 마음이 먼저 알아본다.
좋은 사람을 만나고 싶은가?
좋은 사람으로 남고 싶은가?
먼저 좋은 사람이 되어보자.

■ 오늘 또, 한걸음

DATE　　　．　．　．

#오늘의 감사

#오늘의 해시태그

늦은 밤까지 함께 고민을 했어도 결국은 혼자 시작해야 한다.
차려놓은 밥상을 억지로라도 한 숟가락 크게 떠서 먹어야 한다.
전혀 어울리지 않는 짙은 갈색 구두 안으로 발을 밀어 넣어야 한다.
굳게 닫힌 문을 열고 싶지 않지만 지금 손잡이를 돌려야 한다.
결국은 해야 한다. 혼자서.

■ 오늘 또, 한걸음

85

DATE   .   .

#오늘의 감사

_____

_____

_____

_____

_____

_____

_____

#오늘의 해시태그

_____

_____

생각하면 이루어진다.

그렇지만 생각만으로 이루어지는 것은 없다.

생각만으로 산을 옮길 수는 없다.

먼저 그 산을 찾아 떠나야 한다.

지금 밖에서 기다리고 있는 버스를 놓치지 않기를.

■ 오늘 또, 한걸음

DATE   .   .   .

#오늘의 감사

#오늘의 해시태그

내일 뛸 자신이 없는 내가 선택한 방법은 한 가지였다.
오늘 걸어가는 것.
그것이 유일한 방법이자, 최선의 방법이었다.

■ 오늘 또, 한걸음

DATE   .   .

#오늘의 감사

#오늘의 해시태그

좋은 습관 하나로 세상을 얻을 수 있듯,

좋은 태도 하나로 사람을 얻을 수 있다.

세상과 사람을 얻기 위해

이 순간, 해야 할 일은

좋은 습관을 하나 더 만들고

좋은 태도를 하나 더 가지는 것이다.

88

DATE   .   .   .

#오늘의 감사

#오늘의 해시태그

우리가 살고 있는 세상은 놀라운 기적이 가능한 곳이다.
다만, 어떤 이가 기적만을 쫓을 때
다른 이는 그 아래의 몸짓을,
그 아래의 손동작을,
그 아래의 발걸음을 쫓고 있었다.
그들은 놓치지 않고 있었다.

기적은 땅에서 시작된다는 사실을.

■ 오늘 또, 한걸음

DATE   .   .   .

#오늘의 감사

#오늘의 해시태그

프로는 단 한 번의 노력으로 얻을 수 있는 위치가 결코 아니다.
하지만 그 프로에게도 아마추어라 불렸던 시절이 있었을 것이다.
지금 자신이 아마추어 같다고 느껴지는가.
그래, 어쩌면 진짜 아마추어일 수도 있다.
그러나 그것은 가능성의 또 다른 이름이며,
희망의 또 다른 모습이라는 것을 함께 기억했으면 좋겠다.

프로라고 불리기 시작한 바로 전날까지,
그의 가슴에도 '아마추어'라는 이름표가 달려있었다는 사실을
잊지 않았으면 좋겠다.

■ 오늘 또, 한걸음

DATE   .   .   .

#오늘의 감사

#오늘의 해시태그

내가 잘하는 것보다
'그 일을 잘 되게 하는 것'이 더 중요하다는 사실을
오늘 또 놓쳐 버렸던 모양이다.

■ 오늘 또, 한걸음

DATE　　.　.　.

#오늘의 감사

#오늘의 해시태그

새로운 발견을 하고 싶은 사람이라면 세상에 관심을 가져보자.
세상을 구하고 싶은 사람이라면 사람에게 관심을 가져보자
사람을 구하고 싶은 사람이라면 자신에게 관심을 가져보자.

장담하기 어렵지만,
자신에게서 출발하여 세상으로 나가는 이 방법이
왠지 통할 것 같다.

■ 오늘 또, 한걸음

DATE   .   .

#오늘의 감사

#오늘의 해시태그

장미꽃을 선물 받았던 포장지로 책을 포장했다.
향기가 묻어나는 책은 그렇게 완성되었다.
누구를 만나느냐.
그 물음의 대답이 중요해지는 순간이다.

■ 오늘 또, 한걸음

DATE   .   .   .

#오늘의 감사

#오늘의 해시태그

언제나 우리에게 필요한 것은 '1도를 넘는 힘'이었다.
'1도를 넘는 힘'이 남아 있다면,
아직 충분히 해볼 만하다.

■ 오늘 또, 한걸음

DATE   .   .   .

#오늘의 감사

#오늘의 해시태그

당신의 인생에 있어 총책임자는 당신이다.
당신의 인생에서 부 책임자도 당신이다.
당신이 인생에서 가장 먼저 배워야 할 태도는
"책임감"이다.

■ 오늘 또, 한걸음

DATE　　　.　　.

#오늘의 감사

#오늘의 해시태그

누군가의 기도로 시작된 오늘,
당신의 두 발이 서 있는 이곳,
여기가 바로 당신의 출발선이다.

■ 오늘 또, 한걸음

DATE   .   .

#오늘의 감사

#오늘의 해시태그

나에게 '글을 쓴다는 것'은
'살아간다는 것'과 호흡을 같이 한다.
지루하지 않은 글을 쓰기 위해,
진부한 글을 피하기 위해
타인의 삶을 관찰하고 그들의 뒷이야기에 관심을 기울인다.

■ 오늘 또, 한걸음

DATE . .

#오늘의 감사

#오늘의 해시태그

이런저런 이유로 시작하고

또 이런저런 이유로 멈추었기에,

이제는 웬만해서는 한눈팔지 않게 되었다.

자유로운 영혼 덕분에 실패도 다양하게 맛보았다.

그러면서 맷집도 약간 생겼다.

■ 의미 있는 일상

DATE　　　.　　.

#오늘의 감사

#오늘의 해시태그

오늘은 '걸음'으로 기억하겠지만,
내일은 '길'로 기억될 것입니다.

■ 오늘 또, 한걸음

DATE　　　.　　.

#오늘의 감사

#오늘의 해시태그

만족할 줄 아는 마음이 오늘을 만들고
감사할 줄 아는 마음이 내일을 약속한다.

■ 오늘 또, 한걸음

DATE   .   .

#오늘의 감사

#오늘의 해시태그

위대함, 탁월함, 비범함에 대해 우리는 이야기한다.
하지만 그 시작은 사소함이다. 사소한 노력의 축적이고, 노력의
오래된 궤적이 흔적을 만든 것이다. 그런 관점에서 다른 사람들의
평가나 결과에 방황할 필요는 없다.

아주 대단한 선택을 하는 일에서부터 아주 사소한 결정에 이르기
까지, 세상에 자기 자신보다 스스로에 대해 더 잘 아는 사람은
없다. 어제는 짜장면을 먹었지만, 오늘은 짬뽕이 먹고 싶다는
것을 알고 있는 유일한 사람이다.

시도조차 해보지 않은 사람들이 경계심은 더 많은 편이다. 실패에
대한 두려움도 더 크다. 그런 사람들의 조언으로 살아가기엔
인생은 역동적이다. 스스로 정한 것, 반드시 오늘 해야겠다고
한 것, 그것에 집중하고 마음을 쏟자.

『의미 있는 일상』

'글'로 세상과 소통하는 사람.

'글'로 자신과 대화하는 사람.

'글'로 질문을 던지는 사람.

그들을 나는 '글쟁이'라고 불러주고 싶다.

『글쓰기가 필요한 시간』

생각을 담다
마음을 담다
도서출판 담다

자꾸, 감사
세상에 당연한 것은 없다

개정판 2022년 9월 23일

글 윤슬
사진 이명희

발행처 담다
발행인 김수영
등록번호 제25100-2018-2호
주소 대구 달서구 조암로 38, 2층
메일 damdanuri@naver.com
문의 010.4006.2645

ISBN 979-11-89784-24-9 (13320)